JN441348

순례단이 함께 엮는
포토에세이

그라츠+,
성지순례이야기

북휴
미디어

서문

'사서 고생'으로 얻는 은총

그라츠는 마산교구 신자들의 귀에 익은 도시입니다. 그 도시가 친숙하게 느껴지는 것은 마산과 그라츠 사이의 자매결연 때문입니다. 1971년부터 2021년까지 양 교구 사이에서 일어났던 일들이 자매결연 50년사 『그라츠-섹카우교구와 동행 50년』에 잘 기록되어 있습니다. 그 책에는 50년 속의 사람들, 특히 우리 교구에 큰 영향을 주었던 고 박기홍 신부님과 하 마리아 선생님 이야기도 있습니다. 꼭 기억해야 할, 참 고마운 분들입니다.

그라츠에 가자고 하는 바람과 요청이 수년 전부터 여기저기서 있었습니다. 귀찮은 일이라 매번 못 들은 척 이런저런 핑계를 대며 외면했는데, 내 천성인지 이번에도 '사서 고생'을 하게 되었습니다. 잘했다 싶습니다.

운 좋게도 희망의 희년 2025년, 10월 20일에 출발하여 10박 11일의 성지순례를 했습니다. 그라츠 일정 3박 4일에는 현지사목 중인 우리 교구 김정훈 미카엘, 김태호 스테파노 신부님도 함께하였습니다. 그라츠에서는 자비의수녀회 피정집에 머무르며, 그라츠교구청과 주교좌성당, 그라츠신학교와 성모성지 마리아첼 그리고 박기홍 신부님과 하 마리아 선생님 묘소 등을 방문했습니다. 그라츠를 떠나서는 오스트리아와 인근 나라의 성지를 순례하며 추억도 쌓았습니다. 제가 4년간 사목했던 바드아우스제성당 미사 때 느꼈던 감흥은 지금도 아련합니다.

돌아보면 모든 것이 은총입니다.

순례단이 사진에 글을 곁들여 모으면 은총의 시간을 오래 지속할 수 있겠다는 제안으로, 이렇게 포토에세이를 만들게 되었습니다. 의미 있는 '사서 고생'을 자처해 주신 황광지 가타리나 님의 정성과 교구 사무처 박근삼 스테파노 과장님의 노고에 깊은 감사를 드립니다.

2026년 2월

최문성 마르코 신부

목차

1부

희망의 순례

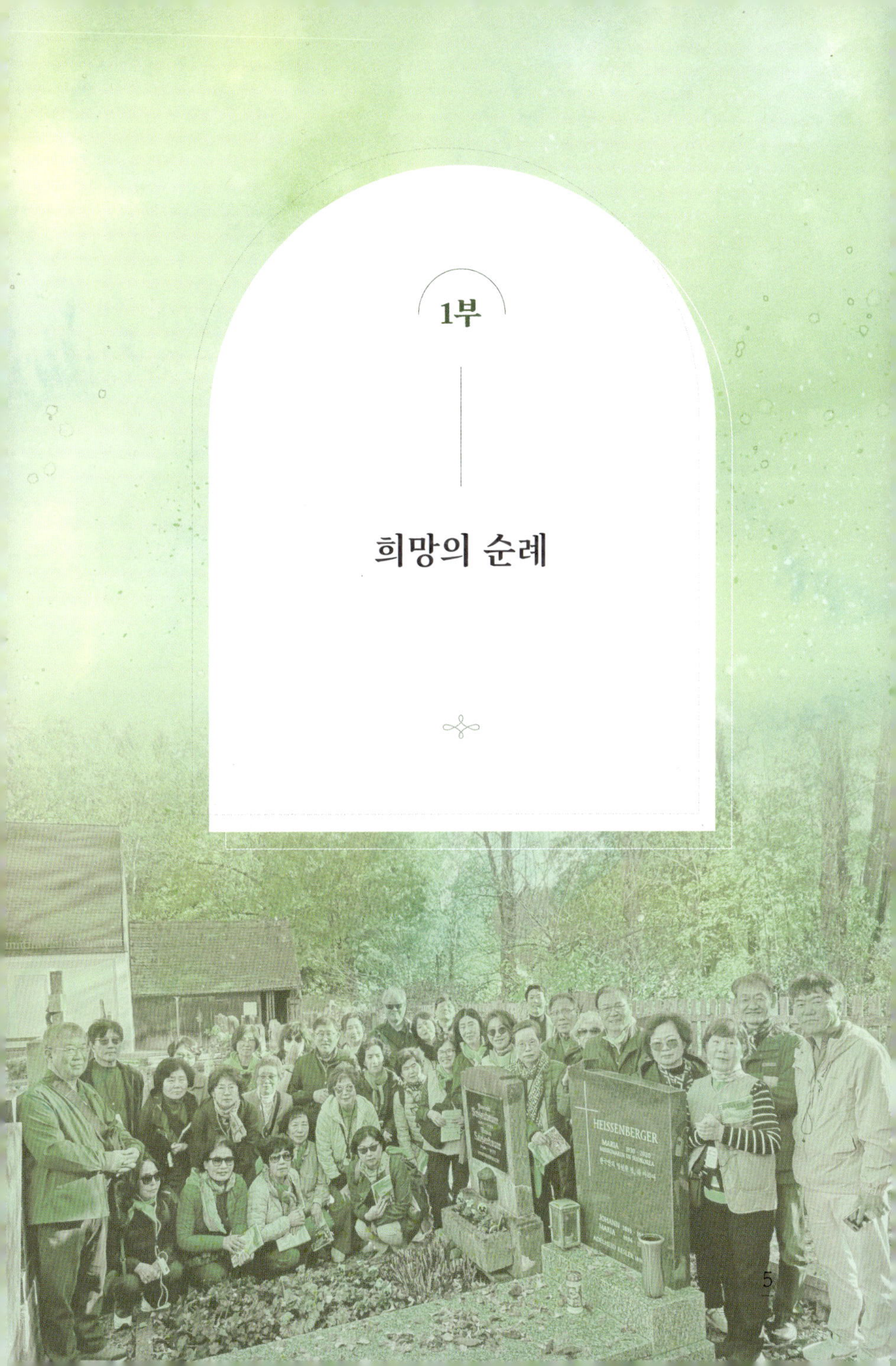

"지극히 높으신 분이시여, 저는 당신 안에서
기뻐하고 즐거워하며 당신 이름에
찬미 노래 바칩니다."

(시편 9,3)

여기서 주님을 뵙다니

우여곡절 끝에 처음으로 떠난 유럽여행
비엔나 공항에 내려 버스로 그라츠에 도착,
몸은 피곤해도 기분은 좋았다.
오는 과정에 일이 많아서일까,
도착해서 드리는 첫 미사는 너무나 감사했다.
꿈에 그리던 자비의모후수녀회 피정의 방,
문을 여는 순간
가슴에 다가온 예수님 살아계신 주님께 인사를 드리고
함께한 둘만의 공기, 공간이 너무나 행복한 시간이었다,
여기서 주님을 뵙다니!

— 구순태 가타리나

"예수님께서는 주간 첫날 새벽에 부활하신 뒤,
마리아 막달레나에게 처음으로 나타나셨다."

(마르 16,9)

큰 울림

피정의 방
내 침대 위에 걸려 있는
부활하신 예수님의 성화를 보고
무덤으로 달려간
마리아 막달레나처럼
놀라고 반가웠다.
나의 주님은
내 마음에 큰 울림을 주셨다.
순례의 시작에서부터 함께하셨다.

— 구순태 가타리나

십자고상

10월 20일 순례 첫날,
마산에서 출발하여
그라츠교구에 밤이 되어 도착했다.
수녀원 피정집 숙소에 1인1실 배정을 받아
방에 들어서니
벽에 달리신 예수님 고상에 오른팔이 없는 것을 본 순간
나도 모르게 나온 말이
"예수님 제가 예수님 오른팔이 되어드릴게요."
라고 무서운 말을 했다.
과연 그 말을 실천할 수 있을까?
최선을 다하는 방법밖에 없다.

— 김부자 가타리나

예쁜 단풍잎

10월 25일, 순례자들과 함께
우리 최문성 마르코 신부님께서
18년 전에 현지사목하셨던
오스트리아 바드아우스제성당을 방문하고
감동적인 미사도 봉헌했다.

성당 앞마당에 떨어진 아름다운 단풍잎을 보면서
나의 인생도 끝자락에 서 있다는 감정이 들었다.
칠십 평생을 살아오면서
예수님 말씀으로 예쁘게 물이 들어가고 있을까?
남은 인생은 예쁜 단풍잎처럼
예수님 말씀으로 예쁘게 물드는 것이
나의 숙제인 것 같다.

— 김부자 가타리나

세 분 사제와 함께한 감동

주님
성모님
찬미로 축복 가득 비옵니다!

저는
세 분의 사제들과
오스트리아 그라츠신학대학 안에서
순례하며
성소의 중요성과 사제들의 중요성을
다시 한 번 깨닫는 시간이 되어
매우 감사했습니다.
또한 33명의 순례단이 함께한 것이
참으로 기뻤으며
감동적인 시간이었습니다.

— 김점이 가타리나

쌍무지개 감동

슬로베니아 블레드 호수에
비 온 뒤 쌍무지개가 떴습니다.
정말!
제 생애 처음 보는 쌍무지개라 감동이었는데,
특히 외국성지순례 때 보는
이 무지개는
주님께서 우리를 크게 반기시고
축복해 주시는 것 같아
눈물이 막 흘렀습니다.
정말!
평생 잊지 못할 것입니다.

— 김점이 가타리나

감사의 안수

하느님
하느님의 자녀로 살아갈 수 있음이
얼마나 축복의 삶인지요.

우리들의 순례가 무르익을 즈음
이렇게
하느님의 제자인 사제를 통하여
축복해 주시고
사랑 베풀어 주심에
이 몸,
그저 감사하고 감사할 뿐입니다.

— 김정숙 아나다시아

자비를 청하며

십자가를 지고 가신 예수님 고통 앞에서
제 삶의 허물을 당신께 고백합니다.

하느님의 자녀로 충실히 살고 싶은
마음은 가득한데
삶 앞에선 생각 따로 행동 따로
한결같지 못하고
절뚝거리며 살아가는 제 모습에
용서를 청합니다.
하느님 저에게 자비를 베풀어 주소서.

— 김정숙 아나다시아

다시 12처로 돌아와

크로아티아 마리아 비스트리카 국립성모성지
큰 지그재그로 된 길에 놓여있는 십자가의 길.

미사 후 자유시간
십자가의 길 따라 걷는 기도의 시간.
각처로 옮길 때마다 마음에 잔물결이 일더니
12처에선 큰 파도가 되었다.
15처 부활하신 예수님까지 함께한 우리는
모두 한마음이 되어
다시 12처로 돌아와 무릎을 꿇고
예수님 돌아가심을 묵상했다.
낙엽을 몰고 부는 바람은 성령 오심 같았고,
낙엽 속에 바친 십자가의 길 기도는
평생 잊지 못할 것이다.

— 이금선 로사리아

가문의 영광

"식탁 위에 사과 한 알만 올라오면
그날은 참 행복한 날입니다."
이라는 성심원 원장 수사님의 말씀에,
외국여행 비용을 후원으로 한 지 어언 20여 년.

이번엔 상황이 달랐다.
성지순례 공지가 난 후 맨 먼저 신청했다.

순례 하루하루가 가슴 벅찼는데,
마지막 날 프라하 로레또성당에서 독서를 했다.
"이건 가문의 영광이야!"

— 이금선 로사리아

PRAGER
JESULEIN

나의 기도

마리아 비스트리카 국립성모성지에서
기도를 올렸습니다.

저는 외짝교우인데
예수 마리아 요셉, 성가정상을 만났을 때
가슴이 뭉클하고
그냥 마구 반가웠습니다.

제 마음속에 늘 담겨 있는 기도지향
저도 성가정을 이룰 수 있기를
간절히 간절히
기도했습니다.

— 김화분 안젤라

소원의 종

블레드의 호수를 나룻배로 건널 때부터
무척 들떴습니다.

섬에 닿아 오른
성모승천성당에서
종각 아래로 내려온 밧줄을 잡으려 줄을 섰습니다.
소원을 이루어준다는 종입니다.
종소리가 울릴 때 소원을 말해야 합니다.

가슴에 품은 내 소원을 되새기며
힘껏 당기려 힘을 모읍니다.
설렘에 몸이 떨립니다.

— 김화분 안젤라

지나고 보니

부끄럽게도 별 준비가 없었습니다. 그라츠에 대해서나 박기홍 몬시뇰, 하 마리아 선생에 대한 지식도 없었습니다. 단지 삶에 조금 지쳐서 쉼과 재충전이 필요했던 시점이라, 현실은 잠시 뒤로 미루어두고 참여한 게 다였습니다. 그러다 보니 순례의 감동이나 은총도 다른 분들에 비해 덜한 건 당연했겠지요.

그런데 마르코 신부님께서 젊은 시절 사목했던 성당에서 강론 중에 하신 말씀,

"지나고 보니 다 은총이었습니다."

아! 그러고 보니 내가 이 말씀을 들으려고 먼 여기까지 왔었구나 하는 공감에다, 거기 그 공간까지 더해져서 뭉클함과 울림이 있었습니다. 그 시절이 흘러 이젠 백발이 된 교우분들과 활짝 웃으며 사진을 찍으시는 마르코 신부님을 보며 다시 한 번 그 말씀 되새기며 마음을 다잡아 봅니다.

"지나고 보니 다 은총이었습니다."

— 류재호 바오로

이게 뭐지, 이게 뭐지

슬로베니아 블레드 근처에 있는 도움의 성모님이 계신 곳에 도착해보니 왠지 낯설지가 않았습니다.

몇 년 전 발칸성지순례 그때, 숙소가 블레드 호수가 근처였기에 저녁식사 후 아내와 주변을 산책하면서 다음에 블레드엔 꼭 다시 한 번 와 보자며 지키지도 못할 약속도 했더랬습니다. 그런데 그날 밤 너무 아름다운 주변 경치에 취해서였는지 다음날 도움의 성모님이 계신 곳에 도착하고 보니 숙소에 핸드폰을 놔두고 온 것이었습니다. 정말 낭패였습니다.

그날따라 비도 부슬부슬 내리고 있었는데, 아내와 저는 가이드에게 사정을 알렸습니다. 행여 순례단 다음 일정에 지장을 줄까 봐 조마조마한 마음으로 버스기사를 재촉하며 빗속을 달려 블레드 숙소로 가서 핸드폰을 찾아 왔습니다.

그래서 우리 부부는 당시 단체 사진에도 빠졌습니다. 지금 이곳 사진이 없어 아쉬워했었는데, 근 10여 년 만에 그 비어 있던 빈자리를 맞추었습니다. 정말 생각하기도 싫은 황당한

추억이 깨어나고, 그 자리에 다시 왔다는 것이 너무 신기해서 저와 아내는 "이게 뭐지, 이게 뭐지"란 말을 몇 번이고 중얼거렸습니다.

— 류재호 바오로

2부

믿음의 순례

"오 아기예수님, 저는 이 긴요한 때에 당신께 간청하나이다.
저는 당신의 거룩하신 은총을 얻으리라 확신하며 바라나이다."

(프라하의 아기예수께 바치는 기도 중)

오! 거룩하신 아기예수님

프라하의 아기예수님 망토를 보니
옛일이 떠올라 가슴이 떨렸습니다.

20년 전 곤경에 처한 딸을 위해
프라하의 아기예수님께
절실하게 9시간 간격으로 1시간씩 기도드리며
은총을 청했던 생각에 마음이 울컥했습니다.

지금은
단단하게 잘살고 있는 딸 식구이기에
진심어린 감사가 절로 나옵니다.
오! 거룩하신 아기예수님
온 마음으로 사랑하겠나이다.

— 황효숙 마리아

아름다운 여정

나에게는 그리스도가 생애 전부입니다.
가는 곳마다 주님을 찬미하고
기쁨이 되었습니다.

신부님 덕분에 처음 유럽여행을 했습니다.
감사합니다, 신부님.
축복을 넘치게 받았습니다.
이 나날을 잊지 못할 것입니다.
이 순례의 아름다운 여정이
내 인생의 큰 활력소가 되어 넘치게 되었습니다.

— 황효숙 마리아

제게 주신 은혜

저에게 말씀 선포의 기회가 왔습니다.
그라츠 성지순례 중 대성당에서
하느님 말씀 선포의 도구로 써 주심에
깊은 감사드렸습니다.

이 귀한 순례에서
제 몫을 찾아 실행하며 기뻐하고,
함께한 순례단의 여정에
축복을 가득히 내려 주시기를
온 마음으로 기도했습니다.

— 김호갑 요셉

이 종소리 닿게

처음의 유럽 성지순례
이토록 은혜롭습니다.

댕그랑 댕그랑 하늘의 종소리에
제 소망을 실어 올려보냅니다.

멀리멀리 퍼져
온 세상에
하느님 말씀이 퍼져 가고
어렵고 힘든 모든 이들에게
사랑과 평화의 이 종소리가 닿게 하소서.

— 김호갑 요셉

이 성전에 들게 하신 은혜

찬미합니다.
내 기쁨 가득합니다.

나의 기도에 귀 기울이시며
주님께 가까이
날 보호하여 인도하시며
항상 나와 함께
따뜻함으로
동행하시는 분
이 크신 은혜
감사하고 감사합니다.

— 문인옥 수산나

빛 되신 나의 주님

나의 주님,
나의 하느님!

이 순례에서
자주 이렇게
당신을 부르게 됩니다.
마음껏
힘껏
부르게 됩니다.

빛 되신 주님께서 보실 땐
나의 영적 그림자는 어여쁘실는지요.

— 문인옥 수산나

프라하의 아기예수님께

아기예수님,
저는 당신을 만날 때마다 울컥울컥 뜨거운 눈물이
하염없이 쏟아집니다.
울지 않으려고 애꿎은 입술을
피멍이 들 만큼 꾹 깨문 적도 있습니다.
남의 아픔도 불행도 나랑 상관없으면 아랑곳하지 않는
교만한 저를 당신은 뒤돌아보게 만드셨습니다.
당신의 십자가를 보니 너무 부끄러워집니다.
이제는 아픔이 있는 자의 손도 잡아 주렵니다,
다독거려 주기도 하고 안아도 보렵니다.
앞으로 더 내려놓고,
나 중심에서 벗어나 주위도 돌아보고 살렵니다.
제 등에 올려진 십자가도 조금은 기쁘게 짊어지고 가렵니다.
아멘

— 배미숙 율리아나

카를교에서

망설이는 남편을 이제 진짜 마지막이라고 설득하여 순례에 오게 되었습니다. 남편은 허리가, 몸이, 배가 아프다는 둥 내내 궁시렁댔습니다. 저도 예전 같지 않음을 조금 인정했지만, 도시 전체가 유물이며, 가는 곳마다 너무도 멋진 풍경에 절로 빠져들었습니다.

체코 프라하 카를교에서 옆에 섰던 신부님께서, 저기 동상 받침대개와 순교자 얀 네포무츠키의 모습를 만지면 행운이 찾아와 프라하에 다시 올 수 있다는 전설이 있으니 바오로 씨 몰래 얼른 가서 만지고 오라고 익살스럽게 웃으며 알려주셨습니다. 저는 이 순례가 마지막이 아니고 다시 올 수도 있다는 희망으로 인파를 비집고, 많은 방문객이 만져서 닳아 금빛으로 반질거리는 부분을 터치하였습니다. 남편은 영문도 모르고 자리를 바꾸어가며 사진 찍어주기 바빴습니다.

우리 두 사람 프라하에 다시 올 수 있을까요?

— 배미숙 율리아나

AV

그림 같은 할슈타트

온 마을이 유네스코 유산이라는
할슈타트는
얼마나 아름다운지!
주님께서 지으신 세상!

할슈타트성당에서
경건하게
미사를 올리고
눈길 가는 데마다
그림 같은 마을을 산책 후
호수와 함께
한껏 포즈를 취했다.

— 윤경순 안젤라

대성전에서

"당신의 권능과 영광을 보려고
이렇듯 성소에서
당신을 바라봅니다.
당신의 자애가 생명보다 낫기에
제 입술이 당신을 찬미합니다."(시편 63,3-4)

성지순례의 막바지
프라하의 성전에서
권능과 영광을 받아들이며
주님을 찬미합니다.

— 윤경순 안젤라

와~ 아름다운 성전

"나는 그들을 나의 거룩한 산으로 인도하고
나에게 기도하는 집에서 그들을 기쁘게 하리라.
그들의 번제물과 희생 제물들은
나의 제단 위에서 기꺼이 받아들여지리니
나의 집은 모든 민족들을 위한
기도의 집이라 불리리라."(이사 56,7)

아름답고 웅장한
성전에 감탄하며
와~ 하고 입을 다물지 못하는 게 이런 건가.

— 이준홍 요한

프라하 강변에서

"내 뼈에서 나온 뼈요,
내 살에서 나온 살이로구나!"(창세 2,23)

나의 하와 안젤라와 함께하는
순례는 행복했다.
손수 골라준 목도리에서는
포근함을 느꼈다.
서로 챙기는 마음을 익혔다.
집 떠나 멀리에서
우리 서로 사는 맛을 조금씩 더 알았다.

— 이준홍 요한

INRI

한마음

창문 안에서
창 밖을 마주하는 마음

당신께서 빚은 세상
부르심의 길

순한 양으로 따르는
희년의 순례

작은 꽃송이
기쁨으로 가득합니다

— 김성애 골롬바

하 마리아 묘지 앞에서

하 마리아 선교사님은
거룩하신 하늘의 뜻을
속 깊이 물들여 받으셨군요

님의 삶 발자취를
조심스레 따라가 봅니다

여린 스물아홉 살에
삼십 년 하고도 삼 년을
가난한 한국땅에 발 딛고서
사랑의 심지를 성심으로 심고 가꾸어 나누셨지요
이미 삼백 년 같은 실타래를 친친 감은 듯합니다

구두닦이 소년들의 어머니시여
허름한 보금자리에서
주린 배를 설탕물로 함께 채우기도 하시던
마산교구 사회복지의 대모님이시여
약자를 위한 헌신의 결은 고스란합니다

때로는 마드린 마른 빵 조각
눈물로 뜯으며 조국의 그리움 삼키셨다지요
고단함을 달래며
모진 환란을 하늘로 받쳐드린 겸손하신 주님의 종이시여

홀로 님의 묘역에만 바치는 꽃이 비어있었습니다
뎅그르니 꽃 빈자리에 바람낙엽만 쌓여 있었어요

나는 안타까움에 간절한 주문을 외웠어요

마른 잎새들아
너희가 빨간 장미가 되어다오
노란 들국화로 웃어다오
향기로운 자스민으로 피어다오
나는 기억의 문이 열릴 때마다
별빛 닮은 한가닥 미소를 바치련다

댕그렁 댕그렁
깊은 곳에서 울리는 종소리
살점하나 남김없이 오롯하게 자유로워라
더욱 깊게 빛나는 삶의 나이테
하자없으신 성모님 같아라

이윽고
향기 품은 잎새들 일어나 피어서
하나같이 작은 새가 되어
하늘로 오르기 시작한다

— 김성애 골롬바

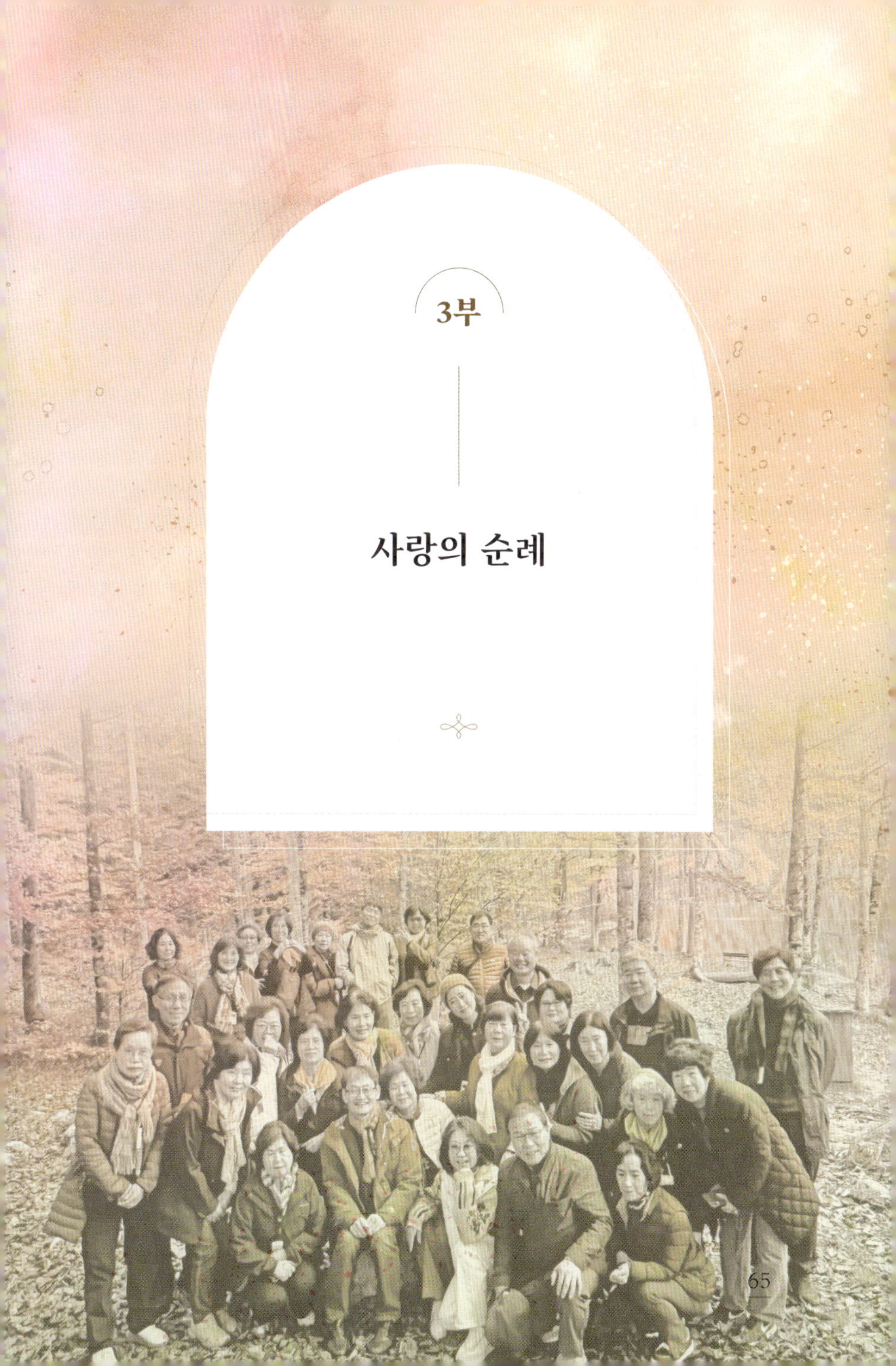

3부

사랑의 순례

MARIA

처음 머문 곳

순례단이 처음 머문 곳은
자비의수녀원 피정의 집입니다.
자비의수녀원은 빈센트 성인과 루이즈 성녀의
삶과 가르침에 영성의 뿌리를 두고 있다고 합니다.
가난하고 고통받는 이들에게
자비로운 사마리아인의
조건 없는
절대적 사랑을 실천함으로써
주 예수 그리스도를 섬깁니다.
우리도 그 사랑 조금 배워 갑니다.

— 장은선 스테파니아

그라츠 예수성심성당

예수성심성당에서
마르코 신부님의 첫미사 때 마음이 느껴졌습니다.
먼 타국에서 공부하고 생활하시며 얼마나 외로웠을까?

하지만 주님만을 향한 한마음으로 끝까지 달려,
그 보답으로 100년 넘은 고딕양식의 성당에서
첫미사를 올리셨다고 했습니다.

이 성당 여회장인 마리안네 자매는 참 따뜻했습니다.
신부님 첫미사 때도 도와주셨다는데
우리 순례단에게도 성당을 소개하는 자상함이
아름다웠습니다.

— 장은선 스테파니아

마음을 활짝 열고

주님을 향한 순례의 길에서
그라츠
마산
자매교구위원들이
함께 웃습니다.
마음을 활짝 엽니다.
그라츠-마산교구의 자매결연으로
당신의 모습을
이 세상에 드러내시는 하느님
우리의 모든 것
우리의 모든 시간
사랑의 표지가 되게 해 주소서.

— 박근삼 스테파노

둘만이 아니라

나를 보고 같이 보고
내 곁에 좋은 사람
우리 뒤에도 좋은 사람
저 멀리도 좋은 사람

누군가는 나를 보고
함께여서 좋은 사람

함께해서 좋은 분들,
기억합니다.
오래 기억할 것입니다.

— 박근삼 스테파노

성모님의 침묵 속에서

마리아비스트리카 성모성지에서
검은 성모님 앞에 서자
내 마음이 숙연해졌다.

수많은 세월의 흔적들이
성모님의 모습에 겹겹이 쌓여 있는 듯했다.
성모님의 침묵 속에서
나는 숨을 죽였다.
내 마음도 조용히 정리되는 것을 느꼈다.
우리의 도움이신 성모님,
저희를 위하여 빌어주소서.

— 윤종선 벨라뎃다

하느님을 향한 여정

블레드 호수 가운데 떠 있는 섬.
위를 바라보며,
99개 계단을 오르는 동안
나는 내 삶의 무게와 기도의 깊이를
함께 느꼈다.
성모승천성당에서 소원의 종을 울리며,
소원이 이루어지길 바라는 나의 마음이
하나의 점같이 작아지는 순간이었다.
성모님의 승천은
이 땅의 고통이 끝이 아님을
증언하는 것 같았다.
이곳에서 나는
삶은 결국 하느님을 향한 여정임을
다시 믿게 되었다.

— 윤종선 벨라뎃다

넘치도록 감사합니다

여행이 한창 무르익어 갈 무렵, 잠시 들른 휴게소. 단풍 너머로 펼쳐진 설산의 풍경은 더없이 아름다웠다. 버스에서 내리는 순간, 폐 깊숙이 파고드는 찌를 듯 차가운 공기… 그 순간 형언할 수 없는 자유로움이 밀려왔다.

지난 1년, 이석증에 시달리며 얼마나 힘겨웠던가. 다시는 이런 감사한 시간이 찾아올 거라 생각조차 하지 못했던 날들이었다.

주님, 눈물 나도록 행복하고 넘치도록 감사합니다. 우리 주 하느님께 찬미와 감사와 흠숭을 영원히 바칩니다. 아멘.

— 김수현 스텔라

GLETTLER
KAROLINE

박기홍 몬시뇰 묘소에서

이번 순례에서 특별히 중요한 일정은 박기홍 몬시뇰과 하 마리아 선생의 묘소를 참배하는 일. 올해로 그라츠교구와 동행한 지 54주년이 된다. 자매결연 초창기에 애써 주셨던 분들 가운데, 마산교구에서 활동하셨던 두 분의 묘지가 그라츠교구에 모셔져 있다. 두 분은 마산교구 신자들을 진심으로 사랑하셨던 하느님의 사람이었다.

그분들의 묘소를 찾아 참배하는 시간은 나에게 깊은 감사와 애정을 다시 새기는 순간이었다. 그리고 지금, 마산-그라츠 자매교구는 하느님 안에서 함께 걸어온 뜻을 기억하며 한 걸음 더 앞으로 나아가려는 시점에 서 있다. 두 은인의 묘지 앞에서, 우리 자매교구가 하느님 안에서 새로운 모습으로 거듭 태어나길 간절히 기도했다.

— 김수현 스텔라

사랑하는 성모님

크로아티아에서 가장 사랑받는
성모성지인 마리아비스트리카에서
진심을 다해 기도했습니다.

넓디넓은 성지를 걸으며
함께한 교우들을 생각하고,
곁에 있는 식구와
멀리 있는 가족도 떠올리는
시간이 되었습니다.
성모님의 한없는 사랑과 겸손을
마음속에 담으며….

— 이윤찬 스테파노

찬미와 감사

역사가 무척 오래된
그라츠 주교좌성당 성전에서
스테파니아와 함께
주님을 찬미합니다.
마르코 신부님 사제서품이 거행된 곳이니
남다르게 이 성전이
마음 깊이 담깁니다.
이곳으로 인도해주신
주님께 감사드립니다.
이 여정에 함께하게 되어
큰 기쁨입니다.

— 이윤찬 스테파노

순례의 노래

"보라, 얼마나 좋고 얼마나 즐거운가,
형제들이 함께 사는 것이!
머리 위의 좋은 기름 같아라.
수염 위로,
아론의 수염 위로 흘러내리는,
그의 옷깃 위에 흘러내리는 기름 같아라.
시온의 산들 위에 흘러내리는
헤르몬의 이슬 같아라.
주님께서 그곳에 복을 내리시니
영원한 생명이어라."(시편 133)

내내 찬양 노래 흥얼거리는
즐거운 순례였습니다.
임마누엘, 주님께서 함께하셨습니다.

— 문병수 베드로

프라하 성전에서

꽃보다 어여쁜 사람들이
성전에 모였으니
더 아름다워졌습니다.

함께한 시간이
얼마나 행복했는지!
얼마나 감사한지!
진심을 다해
따르고,
기도를 올렸던 시간,
저에겐 참 큰 은총이었습니다.

— 문병수 베드로

이 가을날에

"하늘의 새들아,
모두 주님을 찬미하여라.
영원히 그분을 찬송하고
드높이 찬양하여라."(다니 3,80)

우리 마음 새처럼 즐겁게 노래합니다.
우리 가슴 하늘처럼 푸릅니다.
좋으신 주님,
우리를 여기로 불러주셨네요!

— 신옥주 아가다

이토록 큰 은총

이렇게 행복할 수가!
신부님과
함께한 모든 분들에게
큰 사랑을 보냅니다.
감사드립니다.

생애 첫 유럽성지순례,
동남아는 다녀봤지만
비교할 수 없이
가는 데마다 감동이 넘치고
때로는 울컥 눈물도 삼켜야 했습니다.
제가 무엇이기에
이토록 큰 은총을 내리십니까.
하느님께 감사드립니다.

— 신옥주 아가다

그라츠 주교좌성당 제단 앞

나는 2007년 여름 그라츠 주교좌성당에서 사제품을 받았다. 서품성구로 이 말씀을 선택하였다. “그분은 커지셔야 하고 나는 작아져야 한다.”(요한 3,30) 세례자 성 요한의 겸손한 고백이다.

다른 후보자가 없어 나만을 위해 거행되었던 그해 서품식은 공교롭게도 6월 24일 성 요한 세례자 탄생 대축일에 있었다. 서품식에서 성인 호칭기도가 경건하게 올려질 때 후보자는 제단 앞 바닥에 엎드린다.

이번 순례 때 주교좌성당에 갔더니 이곳이 그곳이었음을 알리듯, 하얀 사각 모양으로 표시되어 있었다. 그때 그 순간, 첫 마음이 새록새록 떠올랐다.

— 최문성 마르코 신부

SO·
LATIUM
VITÆ
NOSTRÆ

마리아트로스트대성당 성모님

그라츠교구에는 성모님 이름이 들어있는 성당들이 제법 많다. 마리아첼, 마리아슈츠, 마리아힐페, 마리아트로스트 등이다. 첼Zell은 작은 방, 슈츠Schutz는 보호, 힐페Hilfe는 도움, 트로스트Trost는 위로라는 뜻이다. 성모님이 우리에게 어떤 분이신지 말해주는 표현들이다. 이번 여정에 마리아첼과 마리아트로스트 순례가 들어있었다. 오스트리아뿐 아니라, 인근 나라들에도 잘 알려진 성지 마리아첼에서는 미사도 함께 봉헌했다.

그라츠 자매교구 방문 순례 여정을 구상하면서, 여러 곳을 생각했었다. 어느 곳을 순례할까? 어디를 방문할까? 스토리가 있어야 했고 의미 있는 곳이어야 했고 시간과 동선도 고려해야 했다.

꼭 가고는 싶은데 망설였던 곳이 내가 첫미사를 드렸던 그라츠 예수성심성당과 마리아트로스트대성당이다. 두 곳을 갈 경우, 시간적으로 빠듯할 것 같다는 것과 사람들에게 피로감을 줄 수 있겠다는 염려 때문이었다. 고심 끝에 결국, 강

행했고 모두가 불평 없이 잘 따라와 줘서 고마웠다.

마리아트로스트는 내가 그라츠에서 유학할 때 마음이 힘들어 울고 싶을 때, 고향이 그리울 때, 성모님의 위로를 얻고 싶을 때 종종 찾아가던 곳이다.

— 최문성 마르코 신부

4부

감사의 순례

I DOMOVINSKOG RATA
KOJI SU SVOJE ŽIVOTE
DALI ZA SVOJU DOMOVINU
A KOSTI IM POČIVAJU
PO ČITAVOJ DOMOVINI
TRAJNA USPOMENA
NAŠA MOLITVA
I POKOJ VJEČNI
MAJKE BOŽJE BISTRIČKE
U GODINI VELIKOG JUBILEJA 2000

오래오래

오스트리아의 그라츠-섹카우자매교구와
동유럽 세 나라의 성지순례를 통하여
여느 유럽의 순례와 마찬가지로 늘 느끼는 공통점은
우리 교구에는 이런 규모의 성당이 없을까 하는
생각이 들다가도
황량한 그 뒷모습을 보면서
우리는 그래도
지금 각자의 신심이 뛰어날 것이라는 위로를 덮어
생각을 지우곤 합니다.
교구 자매교구 위원들과 구암동 신자들과의 동행으로
오래오래 기억에 남을 것입니다.
추억의 장면들 잘 간직하며
아름다운 순례의 길에
하느님께서 함께해 주셨음을 감사드립니다.

— 이한규 안드레아

세 사제

그라츠에 도착하고부터
마르코, 미카엘, 스테파노 신부님이
순례의 기쁨을 누리도록 했습니다.
그라츠에서 처음 올리는 미사는
성공적인 순례의 길을 밝혔습니다.
그 후로도
세 사제의 주례로 올리는 미사의 은혜로움에
순례자들은 몸 둘 바를 몰랐습니다.
신학교와 성당과 도시의 면면을,
그라츠교구가 마산교구에 끼쳤던 진한 영향을,
조곤조곤 순례단의 귀에 넣어 주었습니다.
은인들의 뜻을 기리는 일에 빠져들게 하고
소중한 장소의 의미를 되새기게 했습니다.

— 이한규 안드레아

잘츠부르크대성당

"당신께서는 계시는 곳 하늘에서
들으시어 용서해 주시고 행동하십시오.
당신께서는 사람의 마음을 아시니,
그 모든 행실에 따라 갚아 주십시오.
당신만이 모든 사람의 마음을 아십니다."(1열왕 8,39)

솔로몬의 성전처럼 웅장한 성전에서
주님을 찬미하고 기도합니다.
이 성전을 가슴에 담고
내 순례의 길을 오래 새기려 합니다.

— 황금주 바울라

Mozarts Geburtshau

모차르트를 기리며

잘츠부르크
모차르트의 생가가 있는 거리에서
천재 작곡가의 이야기에 귀를 기울인다.
그의 흔적을 찾아 모여온
붐비는 사람들과 섞이면서
이색 이국의 정서를 즐긴다.

이 시간 또한
주님께서 마련하셨으니
기쁨 속에 감사의 기도 따른다.

— 황금주 바울라

은혜로운 성지순례

유렵여행은 다녔지만
성지순례는 처음이라 기대하며 설렜다.

크고 화려한 성당에서
매일 미사를 드리고,
내가 독서를 봉독한 시간은
잊을 수가 없다.
가톨릭 신자라는 사실이 행복했고,
너무나 뿌듯하였다.
은혜로운 순례길이었다.

— 천미숙 세실리아

블레드 호수에서

"하늘을 차일처럼 펴시고
물위에 당신의 거처를 세우시는 분.
구름을 당신 수레로 삼으시고
바람날개 타고 다니시는 분."(시편 104,3)

내 영혼이 주님을 찬미합니다.
이렇게 좋은 날
이토록 좋은 곳에서
사랑하는 사람들과 함께
주님을 찬미합니다.

— 천미숙 세실리아

PRVNÍ
ČESKÁ
VZÁJEMNÁ
POJIŠŤOVNA

은총으로 쏟아지는 빛

"해가 비추는 빛은 중요한 상징 중의 하나입니다.
햇빛은 아침에 동쪽 창을 비추면서
점차 성당 안을 빛으로 채우고,
저녁이 되면 화려한 서쪽 창문을 통해
마지막 빛을,
불타오르는 빛을 비추어 줍니다."

(에곤 카펠라리 주교의 <거룩한 표징> 중)

프라하의 성당에서
거룩한 빛의 움직임을 만났습니다.
수많은 말씀이 귓가에 들리는 듯,
수많은 은총이 가슴에 쏟아지는 듯했습니다.

— 안운영 스콜라스티카

DALÍ SAUDEK
exhibition

프라하의 밤

야경이 특히 아름답다는
프라하의 밤에
우리는 함께 걸어갑니다.

낮에 아름다웠던 성당이
밤에 더 눈길을 잡아당깁니다.
낮에 받았던 은혜로움이
밤에도 여전히 내 마음 가득 채웁니다.

한결같은 주님 사랑 속에서
우리는 함께 걸어갑니다.

— 안운영 스콜라스티카

카라얀 생가

잘츠부르크 음악도시 구시가지에서,
20세기 최고의 지휘자 카라얀의 생가를
만났다.
카라얀이 조수미를 칭찬했던 에피소드를
가이드가 말할 때
우리도 자랑스러움으로 뿌듯했다.
성지순례에서
덤으로
이국의 예술을 가까이 느끼는 시간.
오페라 '투란도트'를 지휘하는 카라얀,
아리아 '밤의 여왕'을 열창하는 조수미,
상상의 연주를 들으며
그 서정의 거리를 걸었다.

— 김영미 안젤라

카타콤바

"주님께서 집을 지어 주지 않으시면
그 짓는 이들의 수고가 헛되리라.
주님께서 성읍을 지켜주지 않으시면
그 지키는 이의 파수가 헛되리라."(시편 128,1)

잘츠부르크 순례 중
카타콤바를 보았다.
신앙을 찾고 지키려 했던 사람들의 흔적,
돌무덤에서 피어난 숭고함,
주님을 향한 지극한 사랑을 보았다.
절로 고개가 수그러졌다.

— 김영미 안젤라

그분 안에 있는 우리

"누구든지 그분의 말씀을 지키면,
그 사람 안에서는
참으로 하느님 사랑이 완성됩니다.
그것으로 우리가
그분 안에 있음을 알게 됩니다."(1요한 2,5)

성지, 성전 순례하는 곳마다
주님을 찬미하고,
노래하게 되었습니다.
순례의 길을 걷는 사이
주님께로 향한 사랑
더욱 커졌습니다.

— 김안희 안나

LEYKAM

우리 모습 여전하네요

자비의 모후 언니 동생 함께한
순례길에
웃음 가득,
행복 가득,
주님의 은총 넘쳤습니다.
성모님의 사랑 넘쳤습니다.

저물어가는 인생이라 생각했는데
우리 모습 여전히
생기 피어나고
기쁨이 넘쳤습니다.

— 김안희 안나

“Pražské slunce”
“The Prague Sun
Diamantová
monstrance
Diamond

로레토수도원 성광

프라하의 로레토수도원에 대단한 성광이 있다.

바로크 풍으로 제작된 이 성광은 다이아몬드로 장식되어 있으며 '프라하의 태양'으로도 불린다. 성광의 테두리에는 각기 길이가 다른 53개의 햇살 모양으로 장식된 황금 살이 빛을 발산한다. 그 살들에는 약 6천 개의 조그마한 다이아몬드가 박혀 있다. 한 공작부인의 혼례복에 사용되었던 다이아몬드를 성광 제작을 위해 기증했다고 한다.

나는 화려함보다 '귀중함'을 보았다.
전 재산을 팔아 진주가 묻힌 밭을 산 농부처럼
거룩한 성광을 위해
혼례복 다이아몬드를 전부 내놓은 부인.

— 황광지 가타리나

마리아첼의 가을

소원하던 성모성지 마리아첼로 갔다. 알프스지역의 잘차 계곡에 들어서니 가슴이 두근거렸다. 먼 곳에서 한 수사님이 라임나무로 조각한 성모자상을 이곳에 가져와 경당을 지어 모셨다고 했다. 마리아첼은 '마리아를 모신 작은 방'이란 뜻이다.

나는 그라츠와의 자매결연 역사를 정리하면서, 이 독특한 목각 성모자상에 매우 끌렸다. 그런데 우리 교구장실에서 그라츠사절단이 선물했다는 그 성모자상의 모형 성물을 본 적이 있어 더 흥미로웠다.

대성당 한쪽에는 무인성물판매대가 있었다. 그라츠를 사랑하는 한 분에게 꼭 선물하려는 심정으로 그 성모자상이 든 마그네트를 구입해 소중하게 챙겨 넣었다. 참 오래 그리던 곳에서 금세 돌아서려니 발걸음이 쉬이 떨어지지 않았다. 그래서 나는 낙엽을 세듯이 천천히 걸었다.

— 황광지 가타리나

버팅기는 아기 예수

바드아우스제성당으로 갔다.
마당에 백발 성성한 교우들이 기다리고 있었다.
마르코 신부님을 포근하게 안고
신부님을 따라간 우리들도 안았다.

자주 끊어지며 물기에 젖은 강론을 들으며
교우들은 울먹이며 미사를 올렸다.
기념촬영까지 하고 나오는 길에
한 할머니가 내 손을 잡고 이끌었다.
"꼭 봐야 되는 중요한 것이 있다"고 말하는 것 같았다.
성모자상이 있는 경당이었다.
놀라운 아기 예수였다.
어디서도 볼 수 없는 버팅기는 모습, 인간 아기였다.
여느 성모자상처럼 성모님 품에 다소곳 안긴 게 아니라
내려놓아 달라는 듯 발버둥치는 아기,
그 천진함에 웃음을 짓지 않을 수 없었다.
이 경당의 더 깊은 의미는 알 수 없었지만
알려준 할머니 손을 꼭 잡고 고마움을 표했다.

— 황광지 가타리나

APOTHEKE ZUR GNADENMUTTER

순례객 여러분께

어느덧 우리의 여정이 마무리되었습니다.
먼 길을 떠나 순례길에서 함께 걸으며
웃고, 기도하고,
은혜를 나눈 모든 시간이
여러분 마음속에 깊은 울림과 주님의 은총으로
남았기를 진심으로 바랍니다.

비록 우리가 함께한 11일간의 여정은 끝났지만,
우리의 순례는 각자의 삶 속에서 계속될 것입니다.
받으신 은총의 빛이 일상 속의 주변에
따뜻하게 비추어 나가길 기도드립니다.
다시 만나는 그날까지,
여러분의 삶에 주님의 은총이 가득하시길 바라며,
저는 더욱 성숙한 모습으로 살아가겠습니다.
보나투어와 저와 함께해 주셔서 진심 감사드립니다.

— 보나투어 인솔자 김리나

순례단이 함께 엮은
포토에세이

그라츠+,
성지순례이야기

발행 2026년 2월 8일

발행인 최문성
편 집 박근삼 황광지
펴낸이 김리아
펴낸곳 불휘미디어
경상남도 창원시 마산합포구 오동동10길 87
(055) 244-2067
2442067@hanmail.net

가 격 15,000원
ISBN 979-11-24296-03-5 03230